griffs
definition

# Begriffsdefinitionen

Begriff

efinitionen

# Intelligenzminderung

**angeboren**
=
**Oligophrenie**
intellektuelle Leistungs-schwäche, die sehr früh beginnt (*angeboren*)

**erworben**
=
**Demenz**
Abbau bereits entwickelter Intelligenz

ⓐ **Debilität**
(***leichte*** *Intelligenzminderung*)
IQ 50 - 70,

ⓑ **Imbezillität**
(***mittlere*** *Intelligenzminderung*)
IQ 20 - 50,

ⓒ **Idiotie**
(***schwere*** *Intelligenzminderung*)
IQ unter 20

# Denkstörungen

## formale Denkstörungen

Störungen des

- **Gedankenablaufs,**
  der
- **Geschwindigkeit**
  und der
- **Logik**

z. B.

- gehemmtes Denken
- ideenflüchtiges Denken
- Zerfahrenheit
- Umständlichkeit
- Perseverationen

☞ **formale Denkstörungen** kommen häufig bei der Schizophrenie vor!

## inhaltliche Denkstörungen

- **Wahn**
- **Zwangsideen**

# Wahrnehmungsstörungen

## Halluzinationen

sind
**Wahrnehmungen**
**ohne**
realen Hintergrund.

## Illusionen

sind
**Fehlinterpretationen**
von
**realen Gegebenheiten.**

*z. B. die Büsche im Nebel, die dem fieberkranken Kind als* "Erlkönig" *erscheinen*

## Coenästhesien

sind
**Körpermißempfindungen.**

# Persönlichkeits-psychologie

1. KRETSCHMER
2. FREUD
3. C. G. JUNG
4. FERENCZI
5. ADLER
6. REICH

## 1. KRETSCHMER

**KRETSCHMER**
unterscheidet den

**Pykniker**
rundlich, gedrungen;
neigt zur
**Cyclothymie**

den
**Leptosomen**
langgliedrig, schmal;
neigt zur
**Schizophrenie**

und den
**Athletiker**
muskulös;
neigt zur
**Epilepsie**

# 2. FREUD

Begründer der
**Psychoanalyse**

## ICH - ES - ÜBERICH

| | |
|---|---|
| **orale Phase**: | 1. Lebensjahr<br>*Urvertrauen*<br>Selbst-Nichtselbst-Unterscheidung |
| Störung: | SUCHT<br>DEPRESSION<br>SCHIZOPHRENIE<br>PESSIMISMUS<br>GEFÜHL DER UNFÄHIGKEIT |
| Charakter: | FORDERNDE PASSIVITAET |

| | |
|---|---|
| **anale Phase:** | 2./3. Lebensjahr<br>*Ordnungsliebe*<br>*Sparsamkeit*<br>*Eigensinn*<br>Autonomiestreben<br>Geben - Nehmen<br>1. Trotzphase |
| Störung: | ZWANGSNEUROSEN,<br>GEIZ,<br>PEDANTERIE |
| Charakter: | OBERFLAECHLICH<br>KOOPERATIONSBEREIT |
| **phallische Phase:** | 4./6. Lebensjahr<br>Ödipuskomplex |
| Störung: | HYSTERIE,<br>SEXUELLE STÖRUNGEN |
| Charakter: | EHRGEIZIG,<br>KONFLIKT MIT AUTORITAETEN<br>KONKURRENZSTREBEN |
| **Latenzphase:** | 6. - 10. Lebensjahr<br>Entwicklung von Sozialfertigkeiten |
| **genitale Phase:** | Entwicklung der Erwachsenen-Sexualität |

## Abwehrmechanismen:

- **Verdrängung**
  (*Hysterie*)

- **Aggression**

- **Verschiebung**
  (*Phobie*)
  Trieb wird auf ein
  **leichter erreichbares**
  Ziel
  gelenkt

- **Projektion**
  (*Phobie*)

- **Isolierung**
  (*Zwangsneurose*)
  lösen des
  **assoziativen**
  **Zusammenhangs**

- **Reaktionsbildung**
  (*Zwangsneurose*)
  Umkehr in
  **gegenteilige**
  **Verhaltensweise**

- **Regression**
  (*Zwangsneurose*)

- **Verneinung durch Identifikation mit dem Angreifer**
  *(Stockholm-Syndrom)*

- **Ungeschehenmachen**
  (*Zwangsneurose*)

- **Intellektualisierung**
  (*Zwangsneurose*)

- **Konversion**
  psychischer Konflikt erscheint auf
  **körperlicher Ebene**
  und hat
  **Ausdruckscharakter**

- **Wendung gegen die eigene Person**
  (*neurotische Depression*)

- **Introjektion**

- **Sublimierung**
  Verschiebung auf
  **„sozial höhere“**
  Ebenen
  (*z. B. „Helfersyndrom*)

- **Verleugnen**
  (*bei Krebs, Aids oder anderen Erkrankungen*)

## 3. C. G. Jung

**Archetypen**

entspringen dem

**kollektiven**
Unbewußten

## 4. Ferenczi

**Realitätsprinzip**

# 5. Adler

Am Ende einer
**geglückten**
**psychosozialen Entwicklung**
steht das
Gemeinschaftsgefühl

Bis zum
4./5. Lebensjahr
wird der
**Lebensstil**
*Umgang mit*
*der **Umwelt***
*und dem*
***primären Minderwertigkeitsgefühl***
festgelegt.

Der Mensch handelt so, als ob er ein
**Ziel**
und den
***Lebensplan,***
vor Augen hätte
(*unbewußt*).

# 6. Reich:

gestaute

**Libidoenergie**

führt zum

muskulären Charakterpanzer

**Psychotherapie**

kann mit der

**Arbeit am Körper**

unterstützt werden

=

## Vegetotherapie

(*Grundlage der körperorientierten Psychotherapie*)

# Neurosen

Modelle

# Neurosen:

- nicht hirnorganisch bedingt,
- keine Desintegration der Persönlichkeit
- intrapsychische Widersprüche

Die
**Neurose**
ist der (*unteroptimale*)
Lösungsversuch
von
**Trieb-Abwehr-Konflikten**

Neurosen entstehen, wenn eine
**Ambivalenz**
zweier Triebe mit
**vitaler Bedeutung**
vorhanden ist.

## Grundlagen:

**URSACHEN** für Neurosen sind ...
(*je nach unterschiedlichen Theorien*)

- reaktivierte infantile Konflikte
- Entwicklungsschäden
- Lernvorgänge
- genetisch mitbedingt

**AUSLÖSER** für Neurosen können sein ...

- inadäquate Belastung
- inadäquate Entlastung (*Rente*)
- Hormonschwankungen (*Wochenbett, Wechseljahre, Pubertät etc.*)
- Hirntraumata, Encephalitis etc.

## Hauptgruppen:

I. Ängste

II. depressive Verstimmungen

III. Zwangsphänomene

IV. Psychisch bedingte somatische Störungen

# I.
# Ängste

| | |
|---|---|
| **Säuglingsalter:** | Einpassungsangst (*8. Monat*), Trennungsangst |
| **Vorschulalter:** | Tierphobie, Dunkelangst, Höhenangst |
| **mittl. Kindheit:** | Schulangst (*ist auch eine Trennungsangst*) |
| **Adoleszenz:** | Angstneurose, soz. Phobien, Herzneurose, Hypochondrie |

Man unterscheidet:

Ⓐ
**Phobien:**

unangemessene Angst vor
Objekten/Situationen
(*Objekte haben Stellvertreterfunktion*)

**Abwehrmechanismen:**

- Verschiebung und
- Projektion

am häufigsten
**Agoraphobien;**

**Merke:**

einem
**phobischen Element**
kann man
**ausweichen**

THERAPIE:
**VERHALTENSTHERAPIE**
**Systematische Densensibilisierung**
*bei sozialen Phobien evtl. kombiniert mit Antidepressiva*

Ⓑ
## Angstneurosen:

**unbestimmte** Angst,
(*man kann **nicht** ausweichen*)
äußert sich als
**Panikattacke**

oder als

**generalisierte Angststörung**;
mit
**somatischen Begleiteffekten**

THERAPIE:

**VERHALTENSTHERAPIE**

# II.
# depressive Verstimmungen



Ⓐ **Psychogene Depression**
Ⓑ **Endogene Depression**
Ⓒ **Somatogene Depression**

Man unterscheidet:

Ⓐ **Psychogene Depression**
*(gehört zu den **Neurosen**)*

❶ **neurotische** Depression = depressive Neurose;
*frühkindliche Konfliktsituation*
*(oft mit körperliche Störungen)*
*orale Fixierung*

❷ **reaktive** Depression = Anpassungsstörung;
nachvollziehbare Reaktion, aber längere Dauer
*oft veg. Beschwerden*

❸ **Erschöpfungs**depression

Ⓑ **Endogene Depression (*Morgentief!*)**
*gehört zu den **Psychosen***

① **Bipolar** verlaufende Cyclothymie (*mit Manie*)

② **Unipolar** verlaufende Cyclothymie

③ **Involutionsdepression**

Ⓒ **Somatogene Depression**
gehört zu den *organisch begründbaren Psychosen*

1. **Organische** Depression
   bei Hirnabbau (*z. B. Arteriosklerose*)

2. **Symptomatische** Depression
   bei internistischen Krankheiten

# III.
# Zwangsphänomene

Die
zwangsneurotische
Persönlichkeitsstörung
heißt
**Anankasmus.**

**Gedanken, Handlungen**
können
**nicht willentlich**
unterdrückt werden,
obwohl
der Patient die Unsinnigkeit **einsieht**.



Wird eine
**Zwangshandlung**
**nicht** ausgeführt,
entsteht
**Angst**.

Typischer
**Abwehrmechanismus**:

Isolierung

**Merkmale**:

- Sparsamkeit
- Überordentlich, Pedanterie
- Eigensinn
- magische Formeln und Rituale

**Therapie**:

- Psychoanalyse
- Verhaltenstherapien (*Symptomverschreibung*)
- unterstützende Psychotherapie

**Zwangssymptome** gibt's ...

- bei **Gesunden**
  (*Ermüdung, Erschöpfung*)
- beim **Neurotiker**
- bei **Schizophrenien**, bei **Depressionen**
- und bei **organischen Hirnerkrankungen**



Es gibt

Zwangs- **gedanken**

Zwangs- **vorstellungen**

Zwangs- **impulse** (*jemanden verletzen*) und

Zwangs- **handlungen** (*Waschzwang*)

*In aller Regel blockiert eine Zwangshandlung eine evtl. vorhandene Suicidalität. Die Suicidalität kann allerdings bei anbehandelten Patienten zum Vorschein kommen.*

# IV.
# Psychisch bedingte somatische Störungen:

Ⓐ **Konversionssymptome**

Ⓑ **funktionelle Störungen**

Ⓒ **psychosomatische Krankheiten**

☞ **Wichtig:**

**immer**
vorher vom
**Arzt**
abklären lassen;

nur **aktuelle** Befunde
sind
**aussagekräftig!**

## Ⓐ Konversionssymptome
*= dissoziative Störungen*



- **Ausdruckscharakter** der Krankheiten, meist akut einsetzend.
- Sexuelle Triebe und Aggressionen werden verdrängt (= *primär psychischer Konflikt*) und die Verdrängung in körperliche Störungsmuster umgesetzt.
- häufig junge Frauen

📖 **siehe *Hysterie***

Beispiele:

- **Schmerzen**
- Blindheit
- Taubheit
- Lähmungen, Gangstörungen
- Atemnot
- Erbrechen
- Durchfall
- Krämpfe
- Schwindel
- Juckreiz
- Tremor
- psychogene Anfälle
- Pseudodemenz

oft **wechselnde** Körpersymptome.

Es müssen keine objektivierbaren Organveränderungen nachweisbar sein.

## Ⓑ funktionelle Störungen

**Beispiel:**

vegetatives Erschöpfungssyndrom
mit
**psychovegetativen Allgemeinbeschwerden:**

- Kopfdruck
- Schwindel
- müde und gleichzeitig schlaflos
- Stimmungsschwankungen
- Extrasystolen (*Herzrhythmusstörungen*)
- Tremor

Bei ärztlichen Untersuchungen sind meistens harmlose (*funktionelle*) Organveränderungen nachweisbar

30 bis 50jährige;

nach
körperlichen/seelischen
Beanspruchungen
&
**Persönlichkeitsfaktoren**

**© psychosomatische Krankheiten**
(*deutliche, klare internistische Befunde*)



**Beispiele:**

- Colon irritabile
- Ulcus duodeni
- Asthma bronchiale
- Colitis ulcerosa
- M. Crohn
- Anorexia nervosa

**Psychosomatische Erkrankungen**
werden am besten
parallel (*gleichzeitig*)
psychisch **und** somatisch
behandelt.

Psychosomatik

# Ess-störungen

## ❶ Anorexia nervosa

- Gewichtsphobie
- Obstipation mit Abführmittelmißbrauch
- Amenorrhoe

Die Anorexie betrifft in der Hauptsache
**pubertierende Mädchen**
die die **Frauenrolle** ablehnen.

Die Patientinnen
- treiben Sport,
- kochen gerne und
- sind viel für Andere da.

Der **Stoffwechsel** ist **verlangsamt**,
oft haben die Patientinnen
**Untertemperatur**.

Aufgrund der
**Körperschemastörung**
finden sich die Patientinnen auch noch mit
**Untergewicht**
**zu dick**

cave:

# lebensbedrohlich!

ab 35 Kg

Klinikeinweisung!

Kein Leidensdruck

Die statistische **Lebenserwartung** ist

**vermindert**

Die Patientinnen sind

**Suicid-gefährdet**

NEUROSEN

In den letzten Jahren

**Ausweitung der Erkrankung**

- auch **ältere** Frauen
- auch **männliche** Pubertierende
- jetzt **alle Bevölkerungsschichten** betroffen

## 2 Bulimie

- Verzehr großer Nahrungsmengen mit selbstinduziertem Erbrechen
- Abführmittelmißbrauch

Schon Leidensdruck

Die Erkrankung ist

**nicht letal**

bessere Prognose

Die Patientinnen haben

**kein extremes Untergewicht**

## Persönlichkeitsstörungen = Charakterneurosen



**paranoide Persönlichkeit**

**schizoide Persönlichkeit:**
distanziertes Verhalten,
Überempfindlich,
Kontaktstörungen

**anankastische Persönlichkeit**

**abhängige Persönlichkeit**

**asthenische Persönlichkeit**
nicht belastbar

**sensitive Persönlichkeit:**
Empfindsam,
leicht verletzbar,
fehlendes Durchsetzungsvermögen;
Kompensation durch (*beruflichen*) Ehrgeiz

**hyperthyme Persönlichkeit**
distanzlos,
unkritisch,
lebhaft

**depressive Persönlichkeit**
mißmutig,
Lebensangst,
mangelndes Vertrauen

**gemütlose Persönlichkeit**
Mangel an Mitleid, bzw. Gewissen;
triebhaft

**hysterische Persönlichkeiten**
Konversionsneurosen;
gesteigertes Geltungsbewußtsein,
Nichtannahme der Realität,
schillernde Gefühlswelt

# Borderline

*(nach Kernberg und Rhode-Dachser)*

KENNZEICHEN:

**stabile Instabilität**

KLINISCHE AUFFAELLIGKEIT:

**gestörte Partnerbeziehungen**

Wahn, Zwang, Phobien

Hallzinationen, Illusionen

Selbstverletzungen
*(ohne Suicidabsichten)*

magisches Denken

Ängste

dissoziative Reaktionen

Depersonalisationen

Verlust der Impulskontrolle

# Suicid

Suicid-***versuche***
(PARASUICID)
sind
10 - 20 x häufiger
als
**Suicide**.

**hohe Rezidivrate**

**besonders im 1. Jahr**

In **50 %** der Fälle
***Ankündigungen***;

Die
**ersten 6 Monate**
nach einem Suicidversuch
sind die **gefährlichsten**
im Hinblick auf
***Rezidive.***

**Frauen**
und
**Jugendliche**
begehen mehr
Suicid-***versuche***

**Männer**
und
**Ältere**
mehr
**Suicide**.

höchste Suicidrate
bei den
**über 60-jährigen.**

Beim

***erweiterten* Suicid**

nimmt der Patient seine

nächsten **Angehörigen**
(*ohne deren Einverständnis*) mit.

Besonders bei
**schweren**
**depressiven Störungen!**

# Risikogruppen:

- ängstliche und wahnhafte **Depression**,
- Schizophrenien
- Alkohol-, Drogenabhängigkeit
- ältere und vereinsamte Menschen
- schwere organische Krankheiten

# Präsuicidales Syndrom

*(nach Ringel)*

**1**

**Einengung**
des
**Erlebens und Verhaltens**

**2**

**Aggressionshemmung**
und
Wendung der Aggression
**gegen die eigene Person;**

**3**

**Suicidphantasien:**

- ***Vorstellung tot zu sein***
- ***Vorstellung Selbstmord zu begehen***
- ***konkrete Handlungsplanung***

# Suicidales Achsensyndrom

*(nach Mitterauer)*

1

offene oder versteckte

**Selbstmordankündigungen**

2

**Diagnose einer Psychose**

*(endogen, exogen)*

3

**Suicidpositive Familienanamnese**



Es gibt eine

1. **Erwägungsphase**
2. **Ambivalenzphase**
3. **Entschlußphase**

Kurz vorher:

"Ruhe vor dem Sturm"

# Wahn

## Kennzeichen:

- subjektive Gewissheit,
- krankhafter Ich-Bezug
- unkorrigierbar, nicht beweisbedürftig
- unverstehbar; Inhalt ist unmöglich
- geringe affektive Resonanz

## Klinik:

| | |
|---|---|
| ● Wahn-**einfall** | |
| ● Wahn-**stimmung**: | Atmosphäre des Bedrohlichen, die dem eigentlichen Wahn vorangeht |
| ● Wahn-**wahrnehmung**: | Fehldeutung einer realen Gegebenheit |
| ● Wahn-**arbeit**: | Patient sucht/findet Begründungen für seinen Wahn |
| ● Wahn-**erinnerung:** | Erinnerung wird wahnhaft umgedeutet |
| ● **systematisierter** Wahn: | ausgehend von einer (irrigen) Annahme, konstruiert der Patient ein logisches Gedankengerüst |

# Wahnthemen:

- sensitiver Beziehungswahn
- Querulantenwahn
- Wahn bei Schwerhörigen
- Kleinheitswahn
- Schuldwahn
- Versündigungswahn
- Eifersuchtswahn
- Größenwahn
- Verarmungswahn

# Wahn

kann bei

## Psychosen

*Schizophrenie,*
*organischen Hirnstörungen,*
*Cyclothymie*

und bei

## Neurosen

auftreten.

Eine
**anhaltende**
**Wahnstörung**
(*meist sensitiver Beziehungswahn*)
ohne weitere Symptome
heißt
**Paranoia**.

**Wahnkranke**
können für sich
und andere
**gefährlich**
werden!

# Sucht

Typen

| | | |
|---|---|---|
| I | Morphin-Typ | |
| II | Kokain-Typ | |
| III | Cannabis-Typ | ⓐ Cannabis, Marihuana<br>ⓑ Nikotin |
| IV | Halluzinogen-Typ | |
| V | Barbiturat-Alkohol-Typ | ⓐ Barbiturate<br>ⓑ Alkohol |

- **Toleranz** Der **Abbau** des Giftes ist beschleunigt (*Enzyminduktion in der Leber*).
  Dosissteigerung nötig, um die gleiche Wirkung zu erzielen
  **Toleranz ist keine Sucht!**

- **physische** Abhängigkeit
  es treten körperliche Entzugssymptome auf

- **psychische** Abhängigkeit
  zwanghaftes Beschäftigtsein mit der Droge

# I.
# Morphin-Typ

**psychische und physische**
**Abhängigkeit**
breits nach
**Tagen**

**Toleranzentwicklung**

und

**starke Entzugserscheinungen**

*wenige* ***Stunden***

*nach der letzten Drogenapplikation.*
*Sie erreichen ihr* ***Maximum*** *nach* ***1-2 Tagen***

Beispiele:

- Opium
- Morphin
- Heroin
- Codein
- Methadon

**höchstes**
**Abhängigkeitspotential!**

## Klinik der Intoxikation:

- Spasmus glatter Muskulatur
  - Miosis
  - Obstipation
  - Miktionsstörungen
- Libidostörungen
- Tremor
- Stimmungsschwankungen

Bei
akuter Intoxikation
Gefahr der
**zentralen Atemlähmung**

## Entzugssymptome:

- ● Unruhe
- ● Schmerzen
- ● Parästhesien
- ● Mydriasis
- ● Gähnen
- ○ Tränenfluß
- ○ Schwitzen
- ○ Erbrechen
- ○ Durchfälle
- ○ **Suicidimpulse**

## Prognose:

**schlecht**

# II.
# Kokain-Typ

Stimulantien
Psychoanaleptika

**Beispiel:**

- Cocain
- Appetitzügler
- Ephedrin
- Amphetamine
- Khat

**starke psychische Abhängigkeit,**

**keine Toleranz,**

**keine körperlichen Entzugserscheinungen**

**Rausch:**

- Euphorie
- Antriebssteigerung mit Abbau von Hemmungen
- Rededrang
- Libidoerhöhung
- subjektiv erlebte Steigerung der Leistungsfähigkeit
- Pseudohalluzinationen, Halluzinationen
- reduziertes Hunger-, Durst-, Schlafbedürfnis

die **akute Vergiftung**
kann zur
**Atemlähmung**
führen

**chronischer Konsum:**

- Antriebsverminderung, Apathie
- kognitive Beeinträchtigungen
- Halluzinationen
  (*taktile Mikrohalluzinationen*)
- Wahn
- Delir
- körperlicher Verfall

# III.
# Cannabis-Typ

ⓐ
## Cannabis, Marihuana

**psychische** Abhängigkeit;

**Echo-Psychosen**
möglich

**Rausch:**

- heitere Euphorie
- Sinnestäuschungen
- Denkstörungen

➠ weite Pupillen (*Mydriasis*)

Kennzeichen des **chronischen Mißbrauchs**:

- Passivität
- Antriebsminderung
- Nachlässigkeit

Ⓑ
**Nikotin**

**physische**

und

**psychische**

Abhängigkeit

# IV.
# Halluzinogen-Typ

psychische Abhängigkeit,
Dosissteigerung;

**Beispiel:**

- LSD
- Mescalin
- Atropin
- Muscarin



**Rausch:**

- Wahrnehmungsveränderungen
- Halluzinationen
- verändertes Körpergefühl
- verändertes Raum-Zeit-Erleben (*produktive optische Psychose*)
- keine ausgeprägten Bewußtseinsstörungen;

*Echo-Psychosen*
nach **Monaten** möglich

Klinik der **akuten Intoxikation**:

- Schwindel
- innere Unruhe
- Angst
- Tachykardie

dann
- Pseudohalluzinationen mit Veränderung des affektiven Erlebens und der motorischen Koordination
- Schwebezustand
- Mydriasis



**chronische Abhängigkeit:**

- Stereotypien
- wahnähnliche Psychosen

# V.
# Barbiturat-Alkohol-Typ

**Schlafmittel**
und
**Alkohol**
weisen eine
**Kreuztoleranz**
auf

**Psychische**
und
**physische**
Abhängigkeit

ⓐ **Barbiturate:**

**chronischer Mißbrauch:**

- Dysphorie
- Vergeßlichkeit
- Muskelschwäche

**cave:**

Ein
**chronischer Schlafmittelabusus**
begünstigt
**Suicidabsichten!**

☞ deshalb fallen **Barbiturate** unter das **BtmG**

## ⓑ Alkoholismus:

### Alkoholismusformen:

| | | |
|---|---|---|
| α | • alpha: | Konflikttrinker;<br>**abstinenzfähig** |
| β | • beta: | Gelegenheitstrinker<br>(*wo immer sich die Gelegenheit bietet* ...);<br>**abstinenzfähig**, aber bereits Organschäden möglich |
| γ | • gamma: | psychische und physische Abhängigkeit<br>(*häufigste Form*);<br>**Kontrollverlust** |
| δ | • delta: | Spiegeltrinker<br>(*Dauerimprägnierung*)<br>physische Abhängigkeit mit Entzugszeichen, aber **kein Kontrollverlust**;<br>ausgeprägte Organschäden |
| ε | • epsilon: | Quartalssäufer;<br>periodischer Exzess mit **Kontrollverlust** |

# Phasen der Alkoholkrankheit

| | |
|---|---|
| *Voralkoholische Phase*: | „Erleichterungsschluck";<br>*man greift immer häufiger zur Flasche* |
| *Prodromalphase*: | man denkt immer mehr an den Alkohol;<br>Filmriß nach dem Trinken;<br>heimliches Trinken |
| *Kritische Phase*: | zunehmender Kontrollverlust,<br>soziale Störungen,<br>Verlust früherer Interessen,<br>Imponiergehabe,<br>Selbstmitleid;<br>morgendliches Trinken |
| *Chronische Phase*: | regelmäßiges morgendliches Trinken,<br>**Kontrollverlust;**<br>tagelange Rauschzustände; |

*Körperlich begründbare*

**Psychosen**

(*Nervenschäden*)

in Zusammenhang mit

**Alkohol:**

1. Delir
2. Alkoholhalluzinose
3. Demenz
4. Wernicke-Encephalopathie
5. Polyneuropathie
6. Korsakow-Psychose

❶

# Delir

*(Delirium tremens)*

*häufigste Psychose im Zusammenhang mit Alkohol*

nach längerem Konsum;

- Desorientiertheit
- optische Halluzinationen
- Suggestibilität
- Illusionen
- Angst
- Auffassungsstörungen
- veg. Symptome
- motorische Unruhe
- Tremor

**Dauer**

3 bis 7 Tage

cave: **lebensbedrohlich**

2

## Alkoholhalluzinose

- keine Bewußtseinsstörung
- akustische Halluzinationen
- Angst

Dauer
**Wochen**
kann chronisch verlaufen



3

## alkoholische Demenz

4

## Wernicke-Encephalopathie:

- Augenmuskellähmungen, Schielen
- Nystagmus,
- Pupillenstörungen
- Ataxien
- Delir

**Ätiologie:**

**extremer Vitamin $B_1$-Mangel**

*Die*
*Wernicke-Encephalopathie*
*tritt auch bei*
***internistischen Störungen***
*auf*

Wird die Wernicke-Encephalopathie überlebt, resultiert eine

**Korsakow-Psychose**

5

## Polyneuropathie

**Lähmungen**
und
**Sensibilitätsstörungen**

**Tremor** (*Zittern*)

6

## Korsakow-Psychose

nicht verwechseln mit dem Korsakow-**Syndrom** (*=Durchgangssyndrom*)!

- Desorientiertheit
- Merkfähigkeitsstörung
- Konfabulationen

Die Korsakow-**Psychose** kann auch nach
**Schädel-Hirn-Traumata**
auftreten.

# Therapie der Süchte

**Kontakt**-phase

⇩

**Entgiftungs**-phase

⇩

**Entwöhnungs**-phase

⇩

**Nachsorge**-phase

**keine Psychoanalyse,**

*da die Persönlichkeit des Patienten so schwach ist,*

*daß* ***kein tragfähiges***

***Therapeuten-Patienten-Verhältnis***

*aufgebaut werden kann.*

Eher

**Gruppentherapien**

☞ **Wichtig:**

**Antidepressiva**

und

**Neuroleptika**

**machen**

**nicht** abhängig

(*es fehlt die euphorisierende Komponente*).

# Sozialpsychologie

Kommunikation

# Regeln der Interaktion und Kommunikation

(*Watzlawick*)

1. Man kann nicht **nicht** kommunizieren
2. Kommunikation hat einen **Inhalts**- und einen **Beziehungsaspekt**
3. Kommunikationen werden unterschiedlich strukturiert.
4. Es gibt **digitale** und **analoge** Modalitäten
5. Kommunikation verläuft entweder **symmetrisch** oder **komplementär**.

Eine
**Gruppe**
ist eine Anzahl von Personen,
die
**gemeinsame**
Rollen und Normen
**anerkennen und die ein**
gemeinsames Ziel
**aufweisen.**



**Kontrolle** des normativen Verhaltens:

- negative Sanktionen
- positiver Anreiz (*Hoffnung auf Belohnung*)
- Einsicht in die sachliche Notwendigkeit
- Fehlen von Alternativen

Beim

**Rollenverhalten**

kann für das

**Individuum**

eine sogenannte

***kognitive Dissonanz***

auftreten

=

der Mensch verhält sich innerhalb einer

**bestimmten Situation|Gruppe**

anders, als er es

**bewußt**

möchte

("Rollenmuster")

*Beispiel:*

*Er/Sie raucht, obwohl er/sie weiß, daß Rauchen gesundheitsschädlich ist.*

## Soziale Motivation
(*der Gruppenbildung*)

① Klassische Theorie des Egoismus (*Epikur*)

② Theorie der unbegrenzten Formbarkeit

③ Identifikationstheorie

## Soziale Attraktion, Entstehungsbedingungen:

❶ räumliche Nähe

❷ Ähnlichkeit von Werten, Einstellungen, Persönlichkeitseigenschaften

❸ physisches Erscheinungsbild

❹ wahrgenommene Kompetenz

❺ positiv bewertete Persönlichkeitseigenschaften

## Theorien zur Erklärung der sozialen Attraktion:

① **Balance**-theorie (*Heider*)

② **Verstärkungs**-theorie (*Clore*)

③ **Austausch**-theoric

④ Theorie der **distributiven Gerechtigkeit**

# Entwicklungs-psychologie

**Normale** Entwicklung des Kindes:

| | |
|---|---|
| • Geburtsgewicht<br>Körperlänge | ca. **3500 g**,<br>ca. **50 cm**. |
| • 2. Monat: | **Umklammern** von Gegenständen |
| • 3. Monat: | Gegenstände können **fixiert** werden |
| • 5. Lebensmonat: | Gewicht ist **verdoppelt**. |
| • 6. Monat: | Beginn des **freien Sitzens** |
| • ca. 7. Monat: | die **Zähne** kommen. |
| • 12. Lebensmonat: | Gewicht ist **verdreifacht**. |
| • 2. Lebensjahr: | **sicheres Stehen und Gehen** |
| • ab 6. Lebensjahr: | das **Erwachsengebiß** kommt. |

## Psychologie:

Die
**ersten 3 Monate**
dienen der
**Sicherung des Überlebens:**

***proto-soziale Wahrnehmung***
*des Babys*

- 5./6. Monat: **Lächeln**
- 6. bis 8. Monat: **Fremdeln**
- ab dem 8. Monat: **Objektpermanenz**

## Formen des Spiels:

| | |
|---|---|
| • Sensomotorisches Spiel: *Körperfunktionsspiel* | 7. - 13. Monat |
| • Informationsspiel: | 9. - 13. Monat |
| • Konstruktionsspiel: | 18. - 24. Monat |
| • Symbolspiel: | ab 13. Monat |
| • Rollenspiel: | ab 13. Monat |
| • Regelspiel: *Brettspiele z. B.* | ab 4. Lj |

# Psychotherapie

I Analytische Verfahren

II Verhaltenstherapie

III Systemische Psychotherapie

IV Humanistische Psychotherapie

V Entspannungsverfahren

# I.
# Analytische Verfahren:

ⓐ

## Psychoanalyse nach Freud

| | |
|---|---|
| ● der **Patient** | wird aufgefordert, **alles mitzuteilen, was ihm einfällt**<br>= *die* ***Grundregel*** |
| ○ der **Analytiker** | verhält sich **neutral**<br>(= *enthält sich aller Stellungnahmen*),<br>um dem Patienten keine **Ersatzbefriedigung** für seine Symptome zu liefern.<br>= *die* ***Abstinenzregel*** |

**Unbewußte Konflikte** werden aufgedeckt durch

- Traumdeutung,
- die Bearbeitung der **Übertragung** und
- die **Deutung der Widerstände**,
- sowie durch die **freie Assoziation**.

Theoretische **Ausgangspunkte**:

1. Neurosen sind **inadäquate Lösungsversuche** unbewußter infantiler Konflikte (***Wiederholungszwang***)

2. die Gründe menschlichen Verhaltens sind **unbewußt**

3. Menschliches Verhalten ist *triebbestimmt*.

**Ziel**
der **Psychoanalyse**
ist die
**Bewußtmachung**
bisher
**unbewußter**
Persönlichkeitsanteile
und die
**Lösung von Konflikten**

## Freud'sche Trias:

(*Katharsis*)

❶

Erinnern

❷

Wiederholen

❸

Durcharbeiten

## Übertragung:

**Patient**
bringt dem
**Therapeuten**
**alte Verhaltensmuster**
entgegen.

**Übertragung**
ist eine
**Reaktivierung**
**alter Verhaltensweisen**
in Bezug auf das
**Klient-Therapeuten-Verhältnis.**

➡ **KEINE THERAPIE OHNE ÜBERTRAGUNG**

**Gegenübertragung**:

**unbewußte Reaktionen**
des
**Therapeuten**
auf die **Übertragung** des
**Patienten;**

**Patient**
wird zu einer Figur
aus der Kindheit
**des Analytikers.**

Eine Gegenübertragung stört die Therapie

(*Verletzung der Abstinenzregel!*)

# Widerstand:

**Patient**
hält aufgrund
**unbewußter Verdrängungsmechanismen**
am **Symptom** fest;

*erkenntlich in aller Regel daran,*
*daß der Patient sich nicht an die*
***Grundregel***
*hält.*

Ein
**Widerstand**
**stört**
die
**therapeutische Zusammenarbeit.**

## Therapeutisch **wichtige Widerstände**:

| | |
|---|---|
| **Verdrängungswiderstand** | primärer Krankheitsgewinn<br>Patient sagt nicht, was los ist |
| **Assoziationswiderstand** | dem Patienten „fällt nichts mehr ein" |
| **Übertragungswiderstand** | der Patient will keine Übertragung vornehmen<br>*gegen die Person des Analytikers gerichtet.* |
| **Widerstand aus sekundärem Krankheitsgewinn** | der Patient verliert bei einer Genesung die Vorteile der Krankheit |
| **Widerstand gegen die Annahme von Deutungen** | |

**Beispiele:**

*unentschuldigtes Zuspätkommen*
*Termin vergessen*
*Patient teilt erst am Ende der Sitzung wichtige Dinge mit*

**Sitzungen**
mehrmals wöchentlich,
jeweils
50 Minuten Dauer

Bei einer
**klassischen Psychoanalyse**
ist die gleichzeitige Verwendung von
**Psychopharmaka**
obsolet!



## Ausnahmen:

☠ **Suicidalität,**

☠ Veränderung des **Denkens** und des **Realitätsgefühls**

Ⓑ

**Primärtherapie nach**
**Janov**

*Urschreitherapie*

Ⓒ

**Psychodrama**
(*Moreno*)

**Konzept:**

kathartische
**Affektentladungen**

# II.
# Verhaltenstherapie

## Theorie:

➠ die Neurose ist in einer fehlerhaften **Interaktion mit der Umwelt** zu suchen;



ⓐ klassische (*respondente*) Konditionierung

ⓑ operante (*instrumentelle*) Konditionierung

ⓒ kognitive Verhaltenstherapien

**Techniken:**

Merken!!

| | |
|---|---|
| Gegenkonditionierung | Jones |
| systematische Desensibilisierung | Wolpe |
| Reizüberflutung (flooding) | |
| Angstbewältigungstraining | |

klassische Konditionierung

PSYCHOTHERAPIE

ⓑ
**operante**
(*instrumentelle*)
**Konditionierung:**
(*Thorndike*)
(*Watson*)
(*Skinner*)

Verhalten
wird durch seine
**Konsequenzen**
gesteuert
(*Behaviorismus*)

## positive Verstärkung

Patient

bekommt z. B.

**Zuwendung**

(*häufigste Form des operanten Konditionierens*)

## negative Verstärkung

die Auftretenswahrscheinlichkeit
eines Verhaltens wird erhöht durch
Wegfall
eines
negativen Reizes

**Beispiel:**

KOPFSCHMERZ

↓ ⟵ **Kopfschmerztablette**
*als negative Vestärkung*

SCHMERZFREIER ZUSTAND

DESHALB: Verabreichung von Schmerzmitteln immer **zeitkontingent** nicht **schmerzkontingent**

Merken!!

# Löschung:

ein zu löschendes

**Verhalten**

wird

**nicht mehr**

VERSTAERKT

## Techniken: OPERANT

- **Biofeedback,**
- **Token Economy** (*Münzverstärkung*),
- **Selbstsicherheitstraining** (*Bandura*)
- **Selbstkontroll-Techniken** (*Gedankenstopp-Technik*)

Lernhilfen, Denkanstöße <= Prompting!
SIGNAL zum Abrufen von Gedächtnisinhalten

Shaping = Formen!
Verstärkung der dem Lernziel näherkommenden Verhaltensteile

ⓒ

Die
**kognitiven Verhaltenstherapien**
beziehen
**falsche/umzukonditionierende Gedankengänge**
mit ein.

Techniken:

**Kognitive Therapie**
*Beck*

**RET**
nach *Ellis*

# III.
# Systemische Psychotherapie

vermittelt
**Einsicht**
in die
**unbewußte Konfliktstruktur**

der **Familie**
(***Stierlin***),
bzw.
des **Paares**
(***J. Willi***)

## Grundlagen:

Der Mensch ist
**eingebettet in verschiedenen Systemen**
(*Familie, Arbeitsplatz etc.*)
und
**agiert**
**entsprechend seiner Stellung**
in diesen Systemen.

In der **systemischen Psychologie** gibt es
**keine lineare Kausalität**
(*Ursache - Wirkung*)
sondern nur eine
**zirkuläre Kausalität.**

**Beispiele:**

- Bettnässen
- Anorexia nervosa
- systemische Nachsorge bei schizophrenen Patienten.

# IV.
# Humanistische Psychologie:

ⓐ Gesprächspsychotherapie nach Rogers

ⓑ Gestalttherapie nach Perls

ⓒ Logotherapie nach Frankl

ⓐ

## Gesprächspsychotherapie

(*Rogers*)

**Kernvariable** der Therapie

❶

**Akzeptieren und Wertschätzen des Patienten**

*Bereitschaft, den Patienten zu akzeptieren ohne gleich zu verurteilen*

❷

**Einfühlendes Verstehen (*Empathie*) und Verbalisieren**

*Therapeut spricht die Dinge aus, die der Patient non-verbal mitgeteilt hat*

❸

**Echtheit und Selbstkongruenz des Therapeuten**

*Äußerungen des Therapeuten müssen mit seinem inneren Erleben übereinstimmen*

ⓑ

Gestalttherapie nach Perls

ⓒ

Logotherapie nach Frankl

# V.
# Entspannungsverfahren:

## Autogenes Training

## progressive Relaxation
(*Jacobson*)

## Hypnose

**... nicht einzusetzen**
bei
**Wahnkranken!**

# Psychosen

# I Organisches Psychosyndrom

# II Affektive Psychosen

# III Schizophrenie

# I

## Organisches Psychosyndrom

= *körperlich begründbare Störungen*

- z. B. nach Encephalitis
- Traumata
- Hirntumoren
- Vergiftungen
- Stoffwechsel- oder sonstigen schweren internistischen Krankheiten
- degenerativen Hirnveränderungen (*Alzheimer, Pick, Arteriosklerose*)
- AIDS oder
- Alkoholismus etc.

häufigste Ursache:

**Alzheimer**
*50 %*

Bei organischen Psychosen steht die

DESORIENTIERTHEIT

im Vordergrund

Merke!

1

Bei der
**akuten Verlaufsform**
steht die
**Bewußtseinsstörung**
im Vordergrund.
Ausnahme:
**Durchgangssyndrom**
➠ *"akutes Korsakow-Syndrom"*

- **Delir**
  - Bewußtseinstrübung
  - Desorientiertheit
  - psychomotorische Aktivität
  - Angst
  - Halluzinationen
  - Störung des Schlaf-Wach-Rhythmus und
  - vegetative Zeichen

**Vorsicht: lebensbedrohlich**

- **Dämmerzustand**
  - Handlungsfähigkeit erhalten, aber eingeschränkt; hinterher
  - **Amnesie**

📖 **siehe auch *Durchgangssyndrom***

**2**

Die **chronische Verlaufsform**
heißt

# hirnorganisches Psychosyndrom

und kann sich in einer

## Korsakow-Psychose

äußern

## Kennzeichen:

### Persönlichkeitsveränderungen

*organische Wesensänderung mit*

- *Störung des **Antriebs**,*
- *der **Stimmung** und*
- *der **Kritikfähigkeit***

### Demenz

- ***Verwirrtheit,***
- ***Orientierungsstörungen***

### Korsakow-Psychose

*besonders häufig beim chronischen Alkoholismus*

- ***Konfabulation,***
- ***Desorientiertheit,***
- ***Merkfähigkeitsstörungen***

# II

# Affektive Psychosen

ⓐ **Manie**

ⓑ **endogene Depression (*Melancholie*)**

**larvierte Depression**

**Involutionsdepression**



**krankhafte Verstimmung**
mit
**phasenhaftem Verlauf**
und
**plötzlichen Beginn**

 vollständige Remission;

**keine**
bleibenden
Persönlichkeitsänderungen

ⓐ
## Manie:

- Beschäftigungsdrang
- gesteigerter Antrieb
- Ideenflucht
- gehobene Stimmung
- Affektüberschuß

ⓑ

# endogene Depression = Melancholie:

**depressive Phasen sind insgesamt häufiger als manische Phasen**

- herabgestimmt
- **GEFÜHL DER GEFÜHLLOSIGKEIT**
- Angst
- formale Denkstörungen (*Verlangsamung*)
- inhaltliche Denkstörungen (*Wahn: Verschuldungswahn, Verarmungswahn, hypochondrischer Wahn*)
- **Morgentief**
- **Suicid**
- am Ende: hypomanische Nachschwankungen

Eine **Sonderform** der
**endogenen Depression**
ist die
**larvierte Depression:**
(*sehr häufig*)

**körperliche Symptome**
stehen
**im Vordergrund**

Die
**Involutionsdepression**
tritt **nach dem 45. Lebensjahr** auf
und ist durch
**sehr lange Phasen**
(*Monate*)
gekennzeichnet

**Verlauf für ⓐ und ⓑ :**

- monophasisch oder
- mehrphasisch

- ○ monopolar
  (*entweder manisch oder depressiv*)
- ○ oder bipolar
  (*sowohl manisch als auch depressiv*)

# Ätiologie:

## • Erbfaktor

**20faches Risiko,**
wenn in der **Familie** eine
**affektive Psychose**
bekannt ist;

**66 % Konkordanz**
bei
**eineiigen Zwillingen**

## • Serotonin

im Gehirn vermindert

## • Psychoanalyse:

Versagung oraler Impulse

## Ausgelöst durch

- psychosoziale Gegebenheiten
- Klimakterium
- Schlafstörungen
- Cortison
- Wechsel von Gewohntem
- Entlastungskonstellation

**Schwangerschaft**

**schützt,**

aber:

**Wochenbettdepression**

## Therapie:

- Johanniskraut (*cave: Photosensibilisierung*)
- Schlafentzug
- Lichttherapie
- Verhaltenstherapie
- trizyklische Antidepressiva oder
- Lithium
  (*besonders wirksam bei biphasischen Psychosen; wirkt aber erst nach ca. 6 Monaten; geringe therapeutische Breite*)

# III
# Schizophrenie:

Im
**Vordergrund**
steht die
**Störung des Denkens**

Zu den schizophrenietypischen
formalen **Denkstörungen**
gehören:

- **Zerfahrenheit**
- **Sperrung**
- **Begriffszerfall**
- **Begriffsverschiebung**
- **Symboldenken**

# Diagnose:

## Symptome 1. Ranges nach *Schneider*:

- **Ich-störungen**
- **Gedankeneingebung,**
  **Gedankenlautwerden,**
  **Gedankenbeeinflussung,**
  (*Willensbeeinflussung, Depersonalisation, Derealisation*)
- **Wahnwahrnehmung**
- **Stimmen in Form von Rede und Gegenrede**
  *(dialogische und kommentierende Stimmen)*
- **Beeinflussungserlebnisse**
  (*Fremdbeeinflussung*)

## Symptome 2. Ranges nach Schneider:

- **Wahneinfall**
- **Halluzinationen** opt.
- **Gefühlsverarmung**
- **Verstimmung**



**Alle**
**Schizophreniesymptome**
können auch
**bei organischen Psychosen**
vorkommen;
sie sind ***nicht spezifisch***!

## Grundsymptome
nach
**Bleuler:**

# Die 4 A's

- **Störung der Ⓐssoziation**
  *Gedankensperrung, Klangassoziationen, Zerfahrenheit*
- **Störung der Ⓐffekte**
  *Verstimmung, Affektlabilität*
- **Ⓐutismus**
  *Verlust der Realitätsbeziehungen*
- **Ⓐmbivalenz**

Die
**Grundsymptome**
sind bei
***schizophrenen Residualzuständen***
und bei der
***Schizophrenia simplex***
nachweisbar

## **akzessorische Symptome** nach **Bleuler:**

- Halluzinationen
- Wahn
- Katatoniesymptome mit Störung der Motorik und des Antriebs:
  - Mutismus (*Stillschweigen*)
  - Katalepsie
  - psychomotorische Unruhe
  - Negativismus
  - Befehlsautomatie

## Klinik der Schizophrenie:

- paranoid-halluzinatorische Form (*gute Prognose*)
- katatone Form (*gute Prognose*)
  - ↳ perniziöse Katatonie geht mit Fieber, Blutungen, Kreislaufstörungen einher
- hebephrene Form - Jugendliche (*schlechte Prognose*)
- Schizophrenia simplex (*schlechte Prognose, ausgeprägter Residualzustand*)

**gute Prognose:**

- plötzlicher Beginn,
  langes Intervall zwischen den Schüben
- unauffällige Primärpersönlichkeit
- affektive und katatone Symptome im Vordergrund
  (*viele akzessorische Symptome*)
- Pykniker



**schlechte Prognose:**

- pathologische Primärpersönlichkeit
- schleichender Beginn
- Hebephrenie
- Leptosome

# Ätiologie:

- **Erbfaktor**

bei **eineiigen Zwillingen**
ist die
**Konkordanzrate 80 %**

- **psychoreaktive Auslösung**

intensive zwischenmenschliche Beziehung
**&**
Angst, daß einem jemand zu nahe kommt

- intrazerebrales **Dopaminsystem**

läuft auf **Hochtouren**

oft

- **dominierende Mütter**

bzw.
**zerrüttete Familienverhältnisse**

## Therapie:

- Milieugestaltung (*Teilhospitalisierung, Arbeitstherapie, Beschäftigungstherapie*)
- Verhaltenstherapie
- Neuroleptika

Gesetzeskunde
Gesetzeskunde
Gesetzeskunde

# § 20 StGB

„fehlende“ und

# § 21StGB

„verminderte **Schuldfähigkeit**“

liegt vor,
wenn zum
**Tatzeitpunkt**

- eine krankhafte seelische Störung (*endogene Psychosen*),
- eine tiefgreifende Bewußtsseinsstörung (*Kurzschlußhandlung, affektive Ausnahmezustände*),
- Schwachsinn,
- schwere andere seelische Abartigkeiten (*Neurosen, Triebstörungen*)

nachweisbar sind/waren.

§§§§§§§

**Entscheidend**
**für das Urteil**
ist aber die
**Einsichtsfähigkeit**
und
**Steuerungsfähigkeit**.

Gemäß
**§ 323a StGB**
kann eine Tat auch dann
**bestraft**
werden, **obwohl** sie
in einem **Rauschzustand**
begangen worden ist,
**wenn** der **Rausch**
**schuldhaft**
**herbeigeführt** wurde.

Die
**Unterbringungsgesetze**
der Länder sehen eine
**freiheitsentziehende Unterbringung**
im Falle einer
**Fremd- oder Eigengefährdung**
vor.

in diesem Fall bringt die
**Polizei**
den Patienten in die **Klinik**.

Die
Unterbringungsgesetze
treten **nicht** in Kraft, wenn der
**Patient**
sich
**freiwillig**
in Behandlung begibt!



Eine **Betreuung** kann eingerichtet werden, wenn ...

1. eine Krankheit vorliegt
2. der Patient unfähig ist, seine eigenen Angelegenheiten zu besorgen
3. eine ursächliche Verknüpfung von 1 und 2 vorliegt.

Sozialpsychologie

# Index

Gesetzeskunde

Persönlichkeits-
Psychosen
psychologie
Neurosen
Wahn
Suicid
Begriffsdefinitionen
Sucht
Entwicklungs-
Gesetzeskunde
psychologie

# INDEX



## A



Index

Index

Index

## M



## N



## O



## P

## S

# INDEX



Index

Die Spicker vom ARDEA®-Verlag zum Prüfungsbereich Psychotherapie.

| | |
|---|---|
| Kinderentwicklung | Der Name sagt alles |
| Psychiatrie 1 | Differentialdiagnose und Leitsymptome |
| Psychiatrie 2 | Pharmakologie und Schema |

Größe ca 99x210 mm (Briefumschlag) eingeschweißt damit Sie ihn auch wirklich überall mit hin nehmen können. Je Spicker 5,2 € bei "nur Spicker" Bestellungen Porto - zusammen mit Buch/Posterbestellung portofreie Lieferung innerhalb Deutschlands. Nicht erhältlich über den Buchhandel!

Bestellung direkt beim Verlag Fax 0911-77 67 94 oder im Internet unter http://ardea.de/VERLAG/Verlag_Buchtitel.html